collana didattica di musiche a cura di
Celestino Dionisi

Dedicato al Flauto Dolce

Gli scambi tra le dita
per Contralto
Exchanges between fingers
for Treble recorder

Vol. 3

Baroque Personal Trainer
http://studioemc.it/baroquetrainer/

Per vedere i video relativi a questo e ad altri volumi della collana:
To view videos on this and other books in the series:
You Tube http://www.youtube.com/user/BaroqueTrainer

Gli scambi fra le dita
Exchanges between fingers
vol. 3

La

8

6a)

Fa # minore armonica
1)

1a)

10

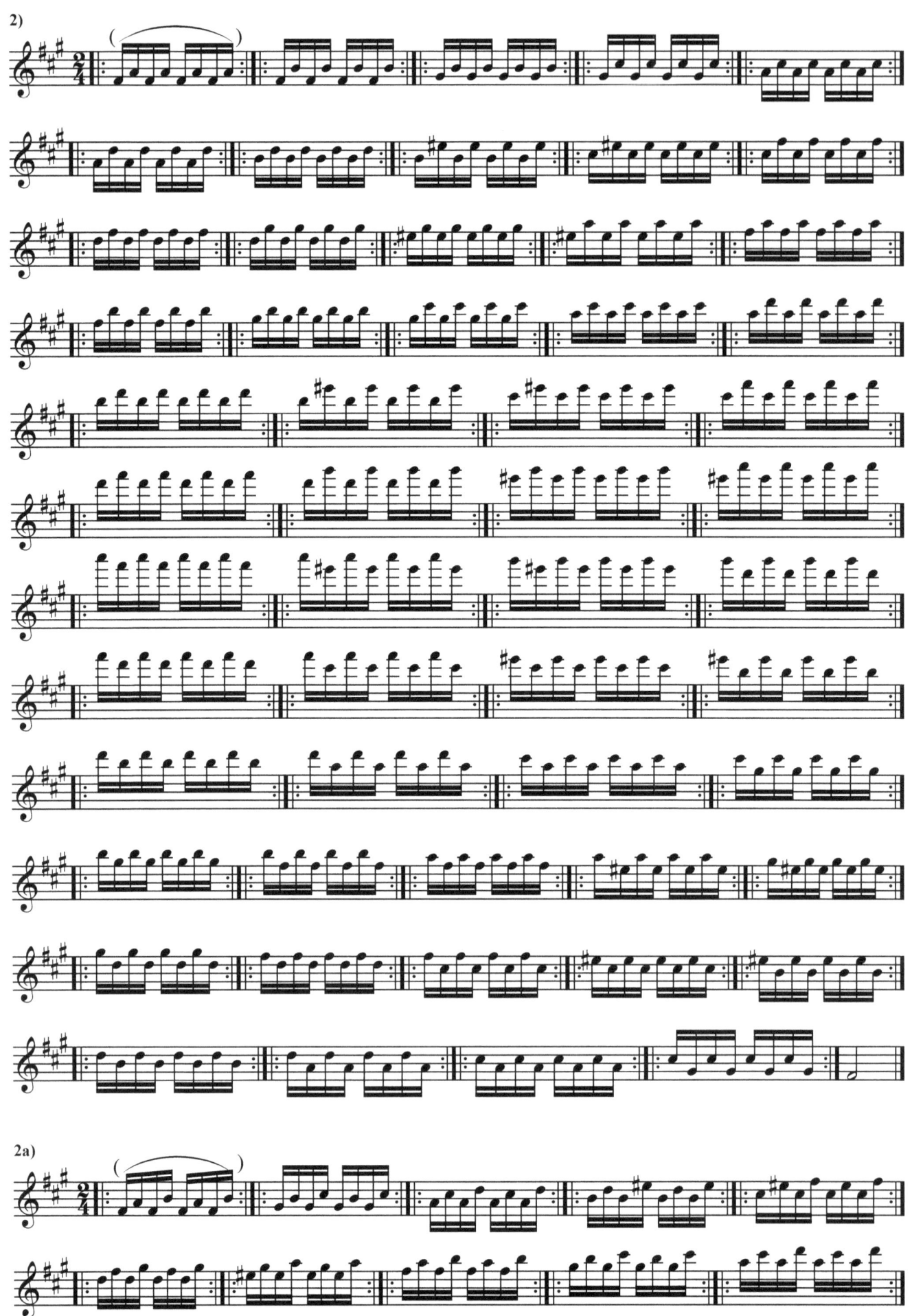

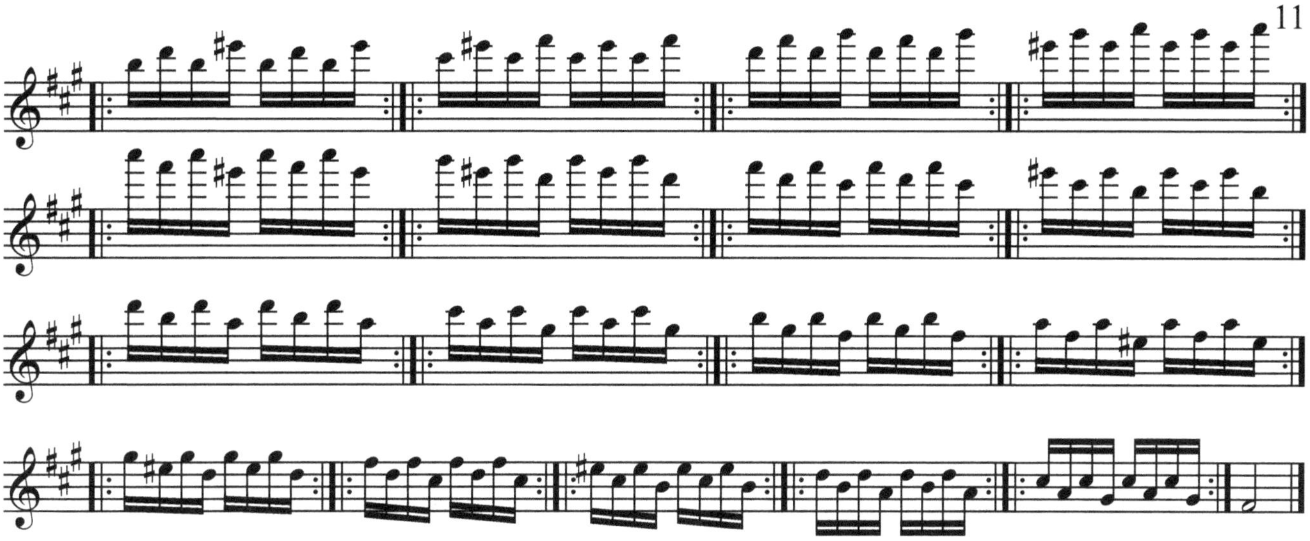

3)

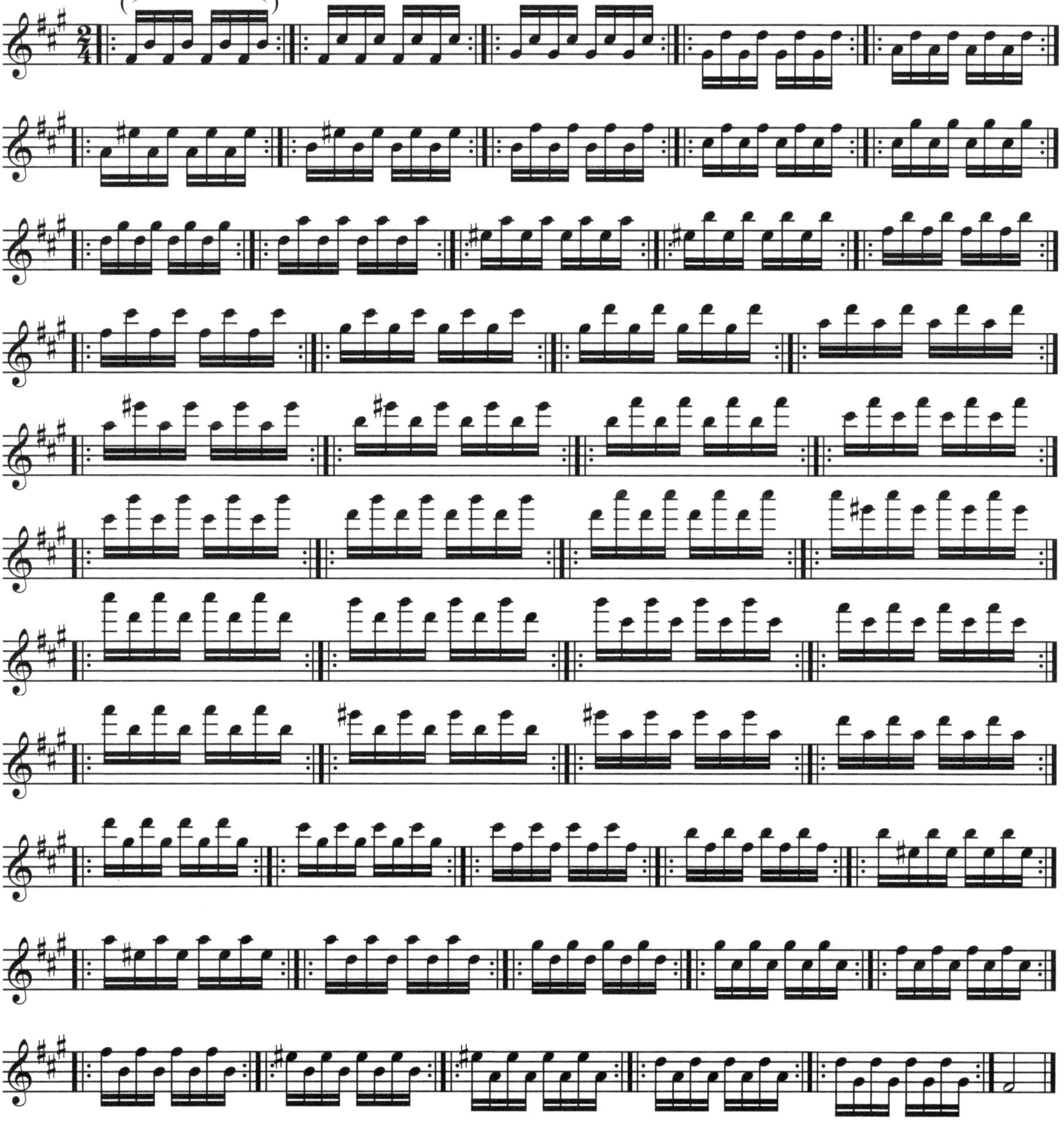

14

Fa# minore melodica

1)

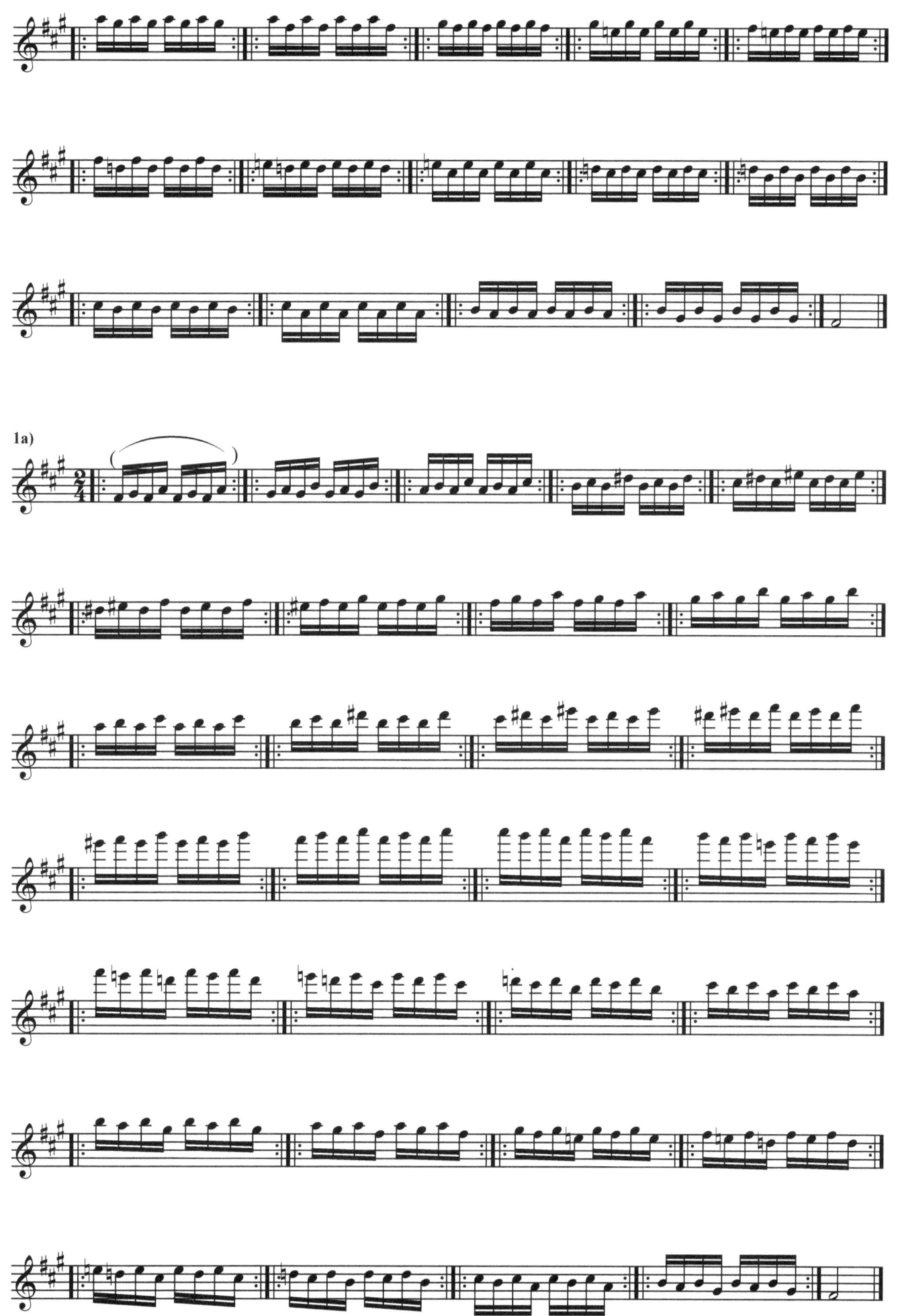

22

Fa ♯ minore Bach

26

32

6a)

La♭

1)

34

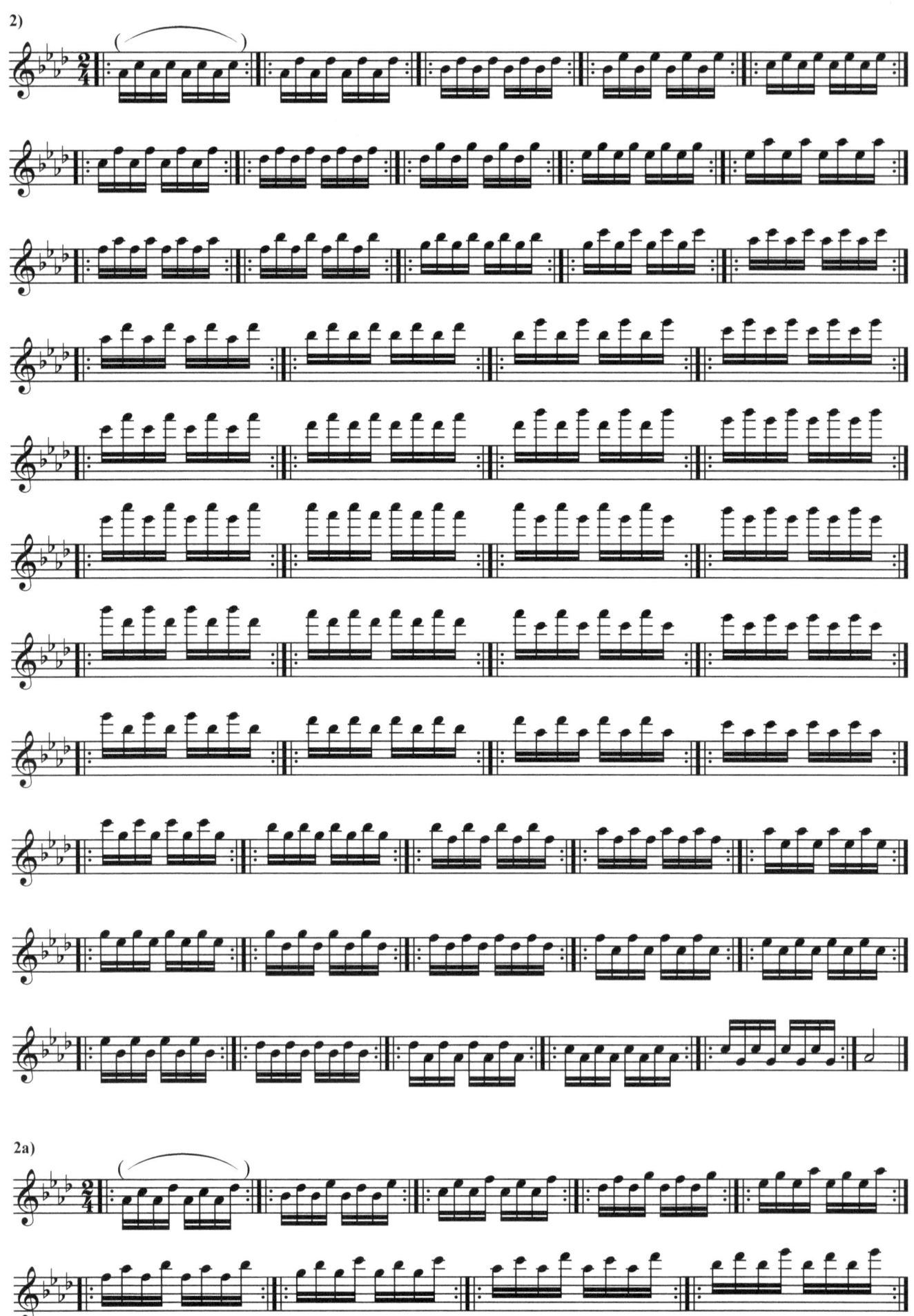

Fa minore armonica
1)

46

6a)

Fa minore melodica

48

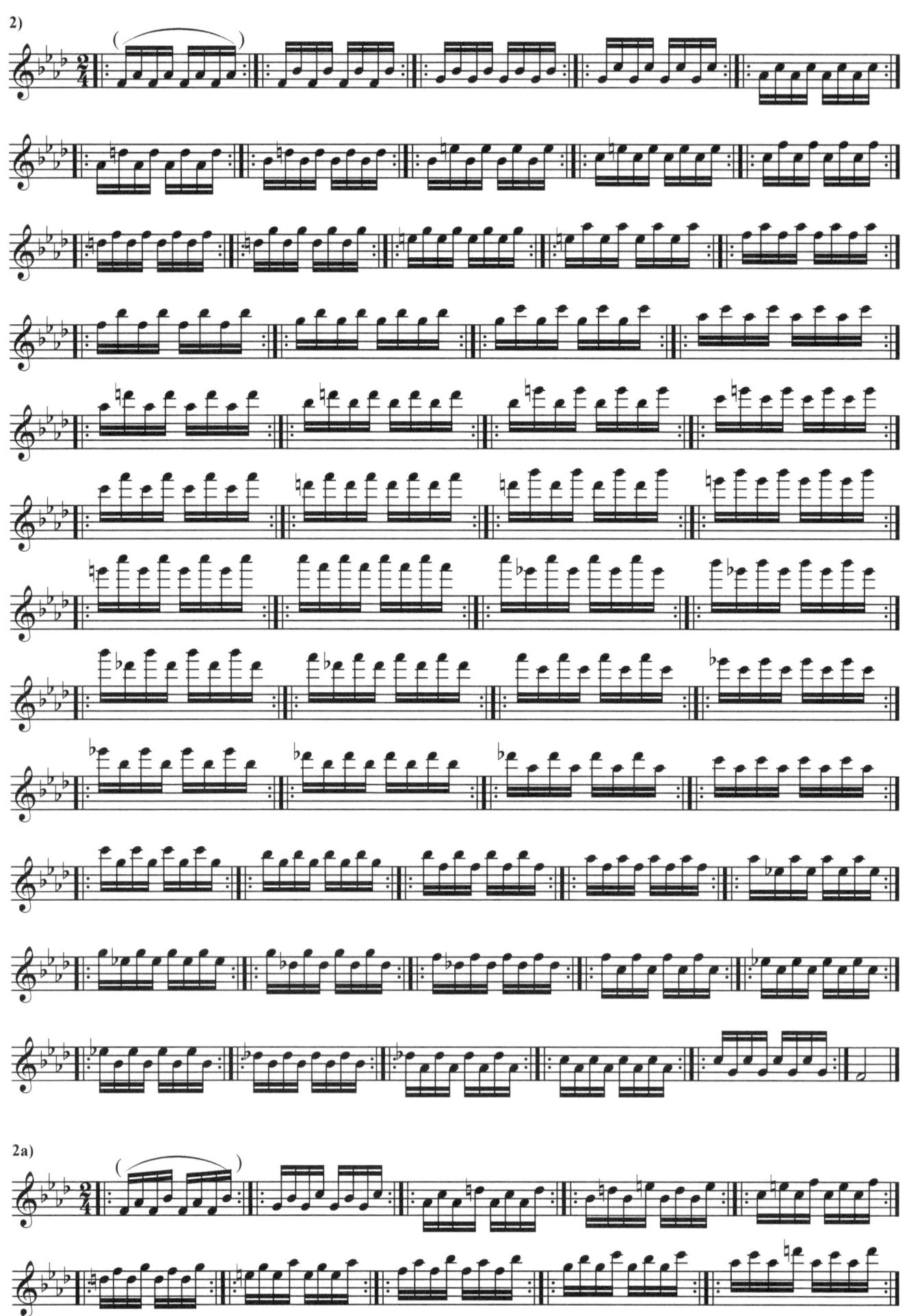

54

6a)

Fa minore Bach

1)

56

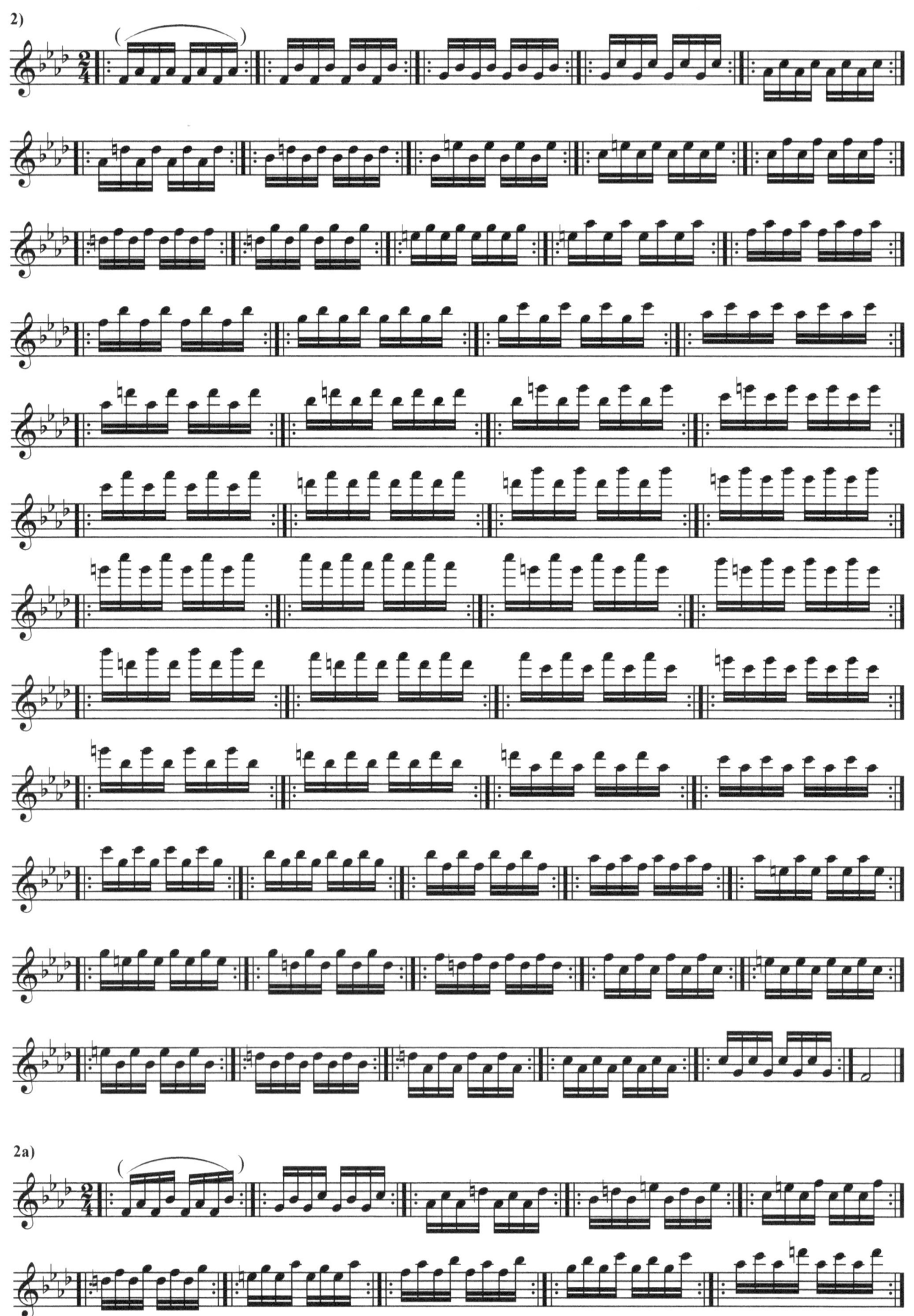

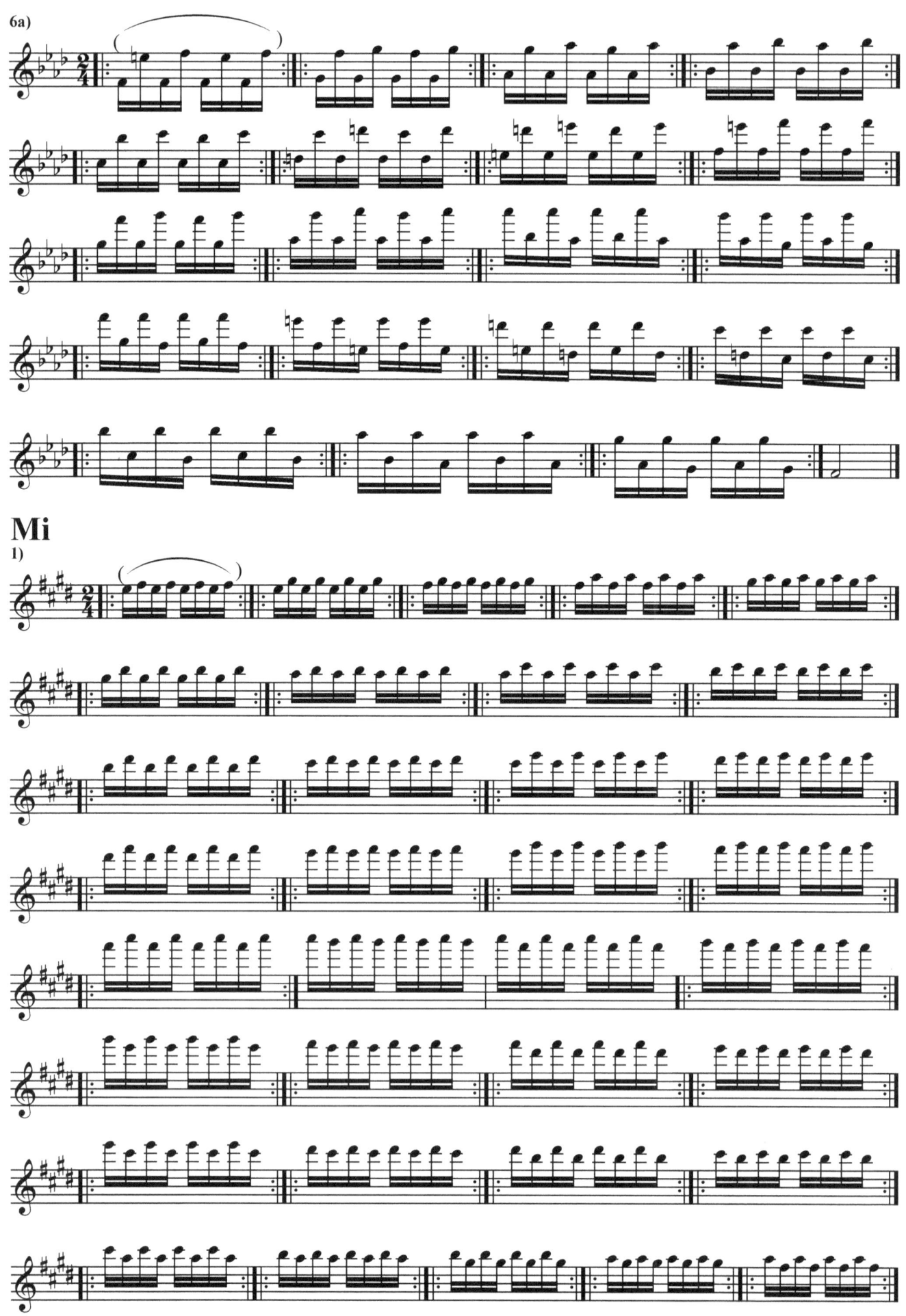

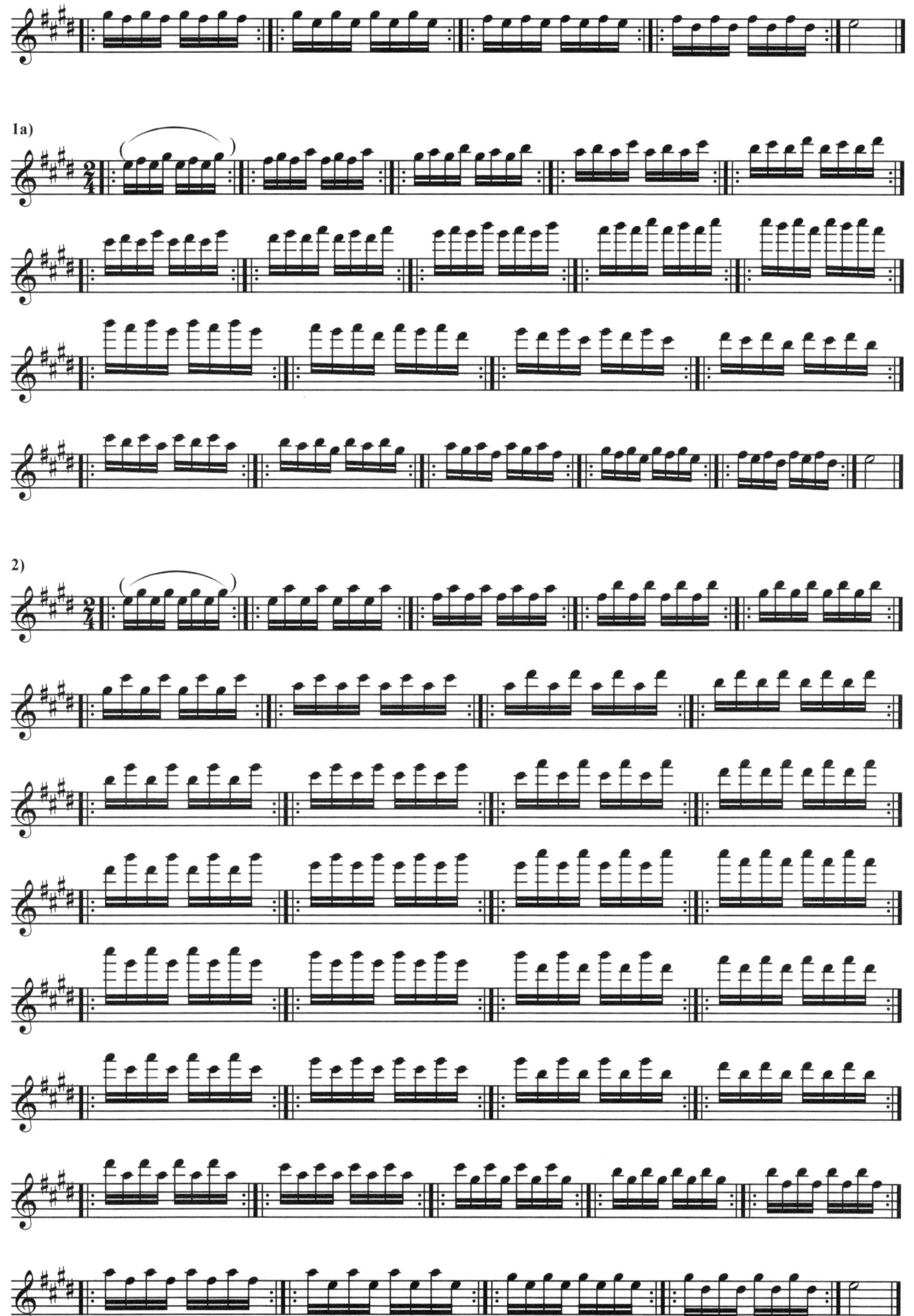

66

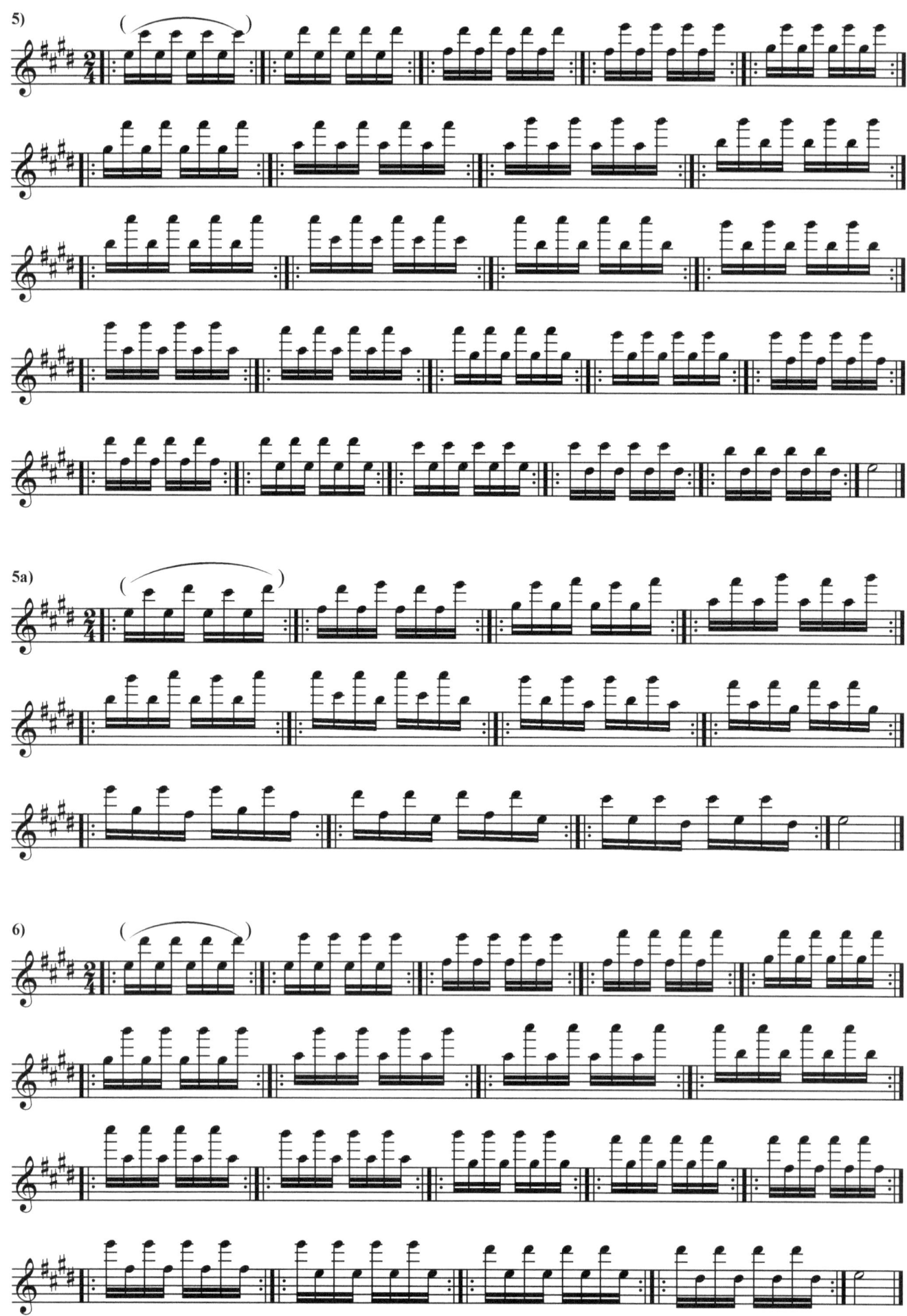

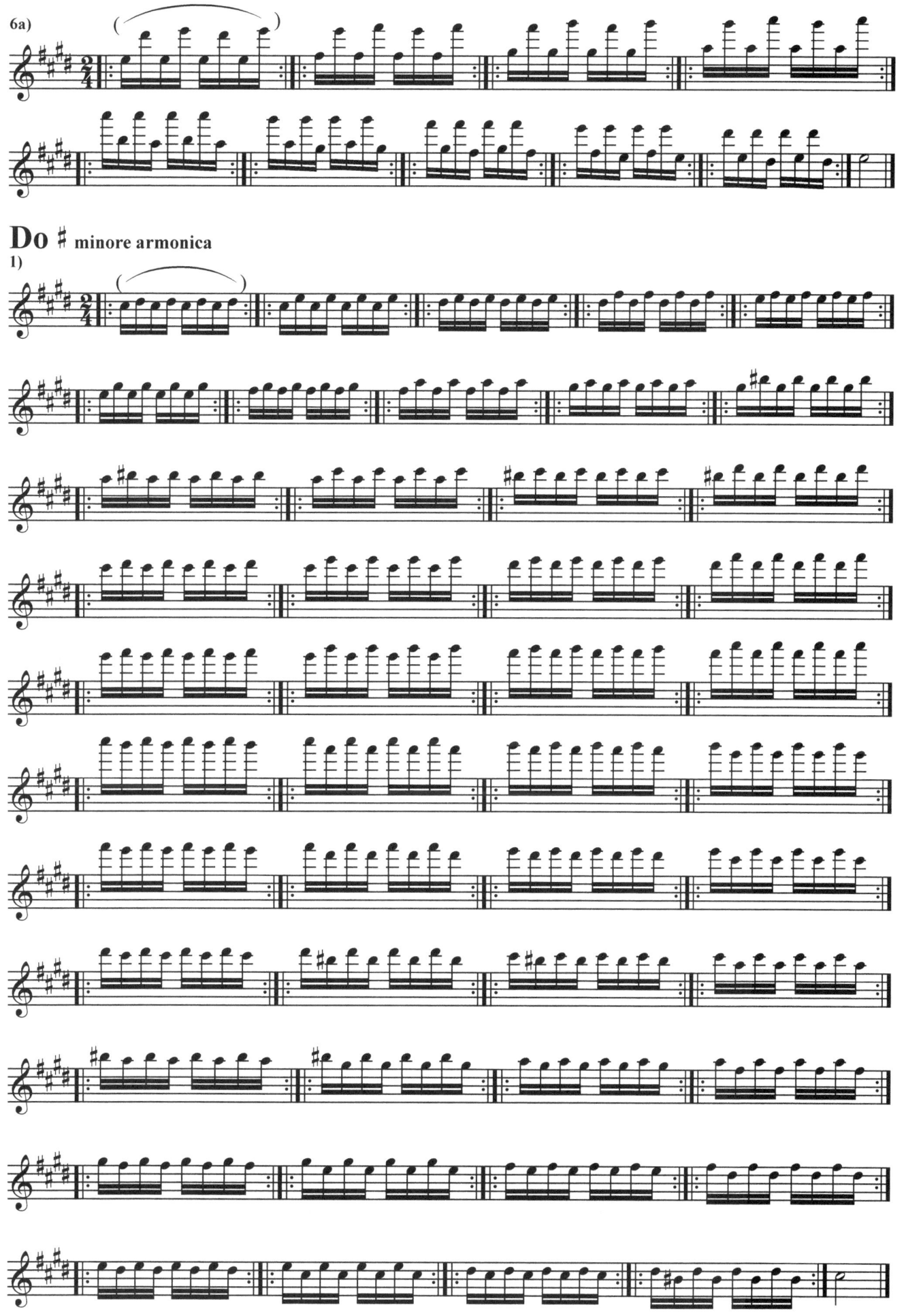

Do # minore armonica

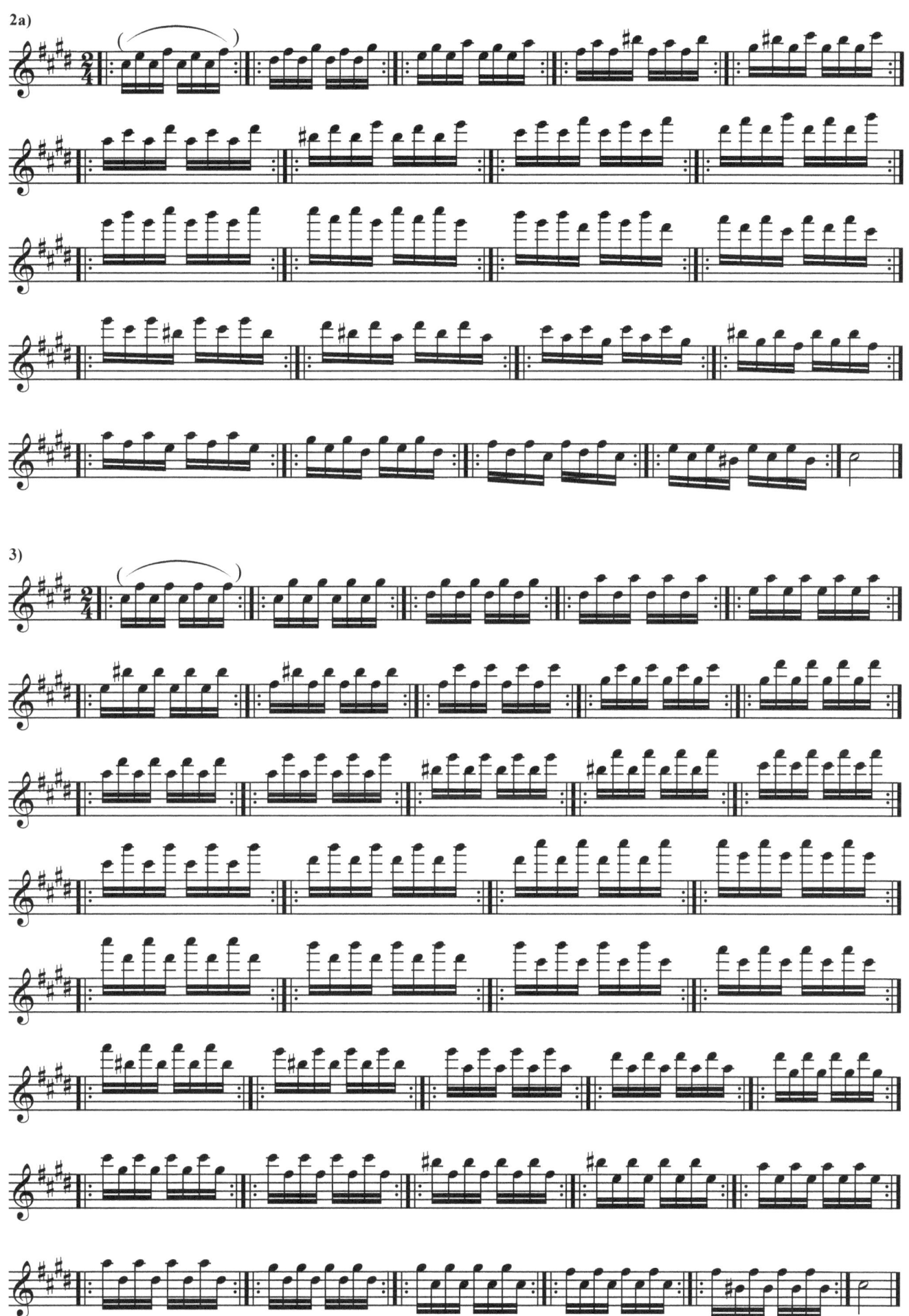

Do ♯ minore melodica
1)

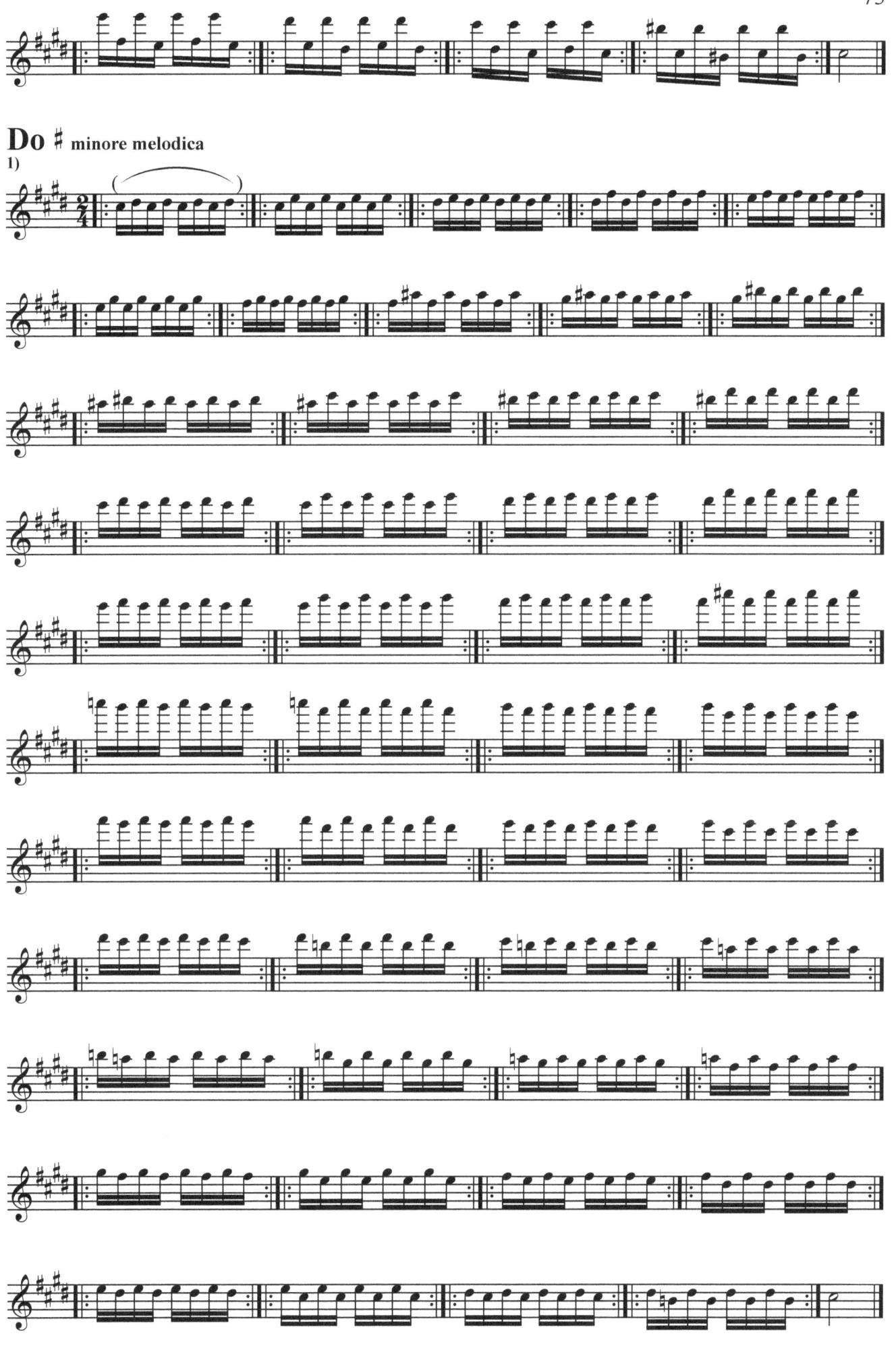

76

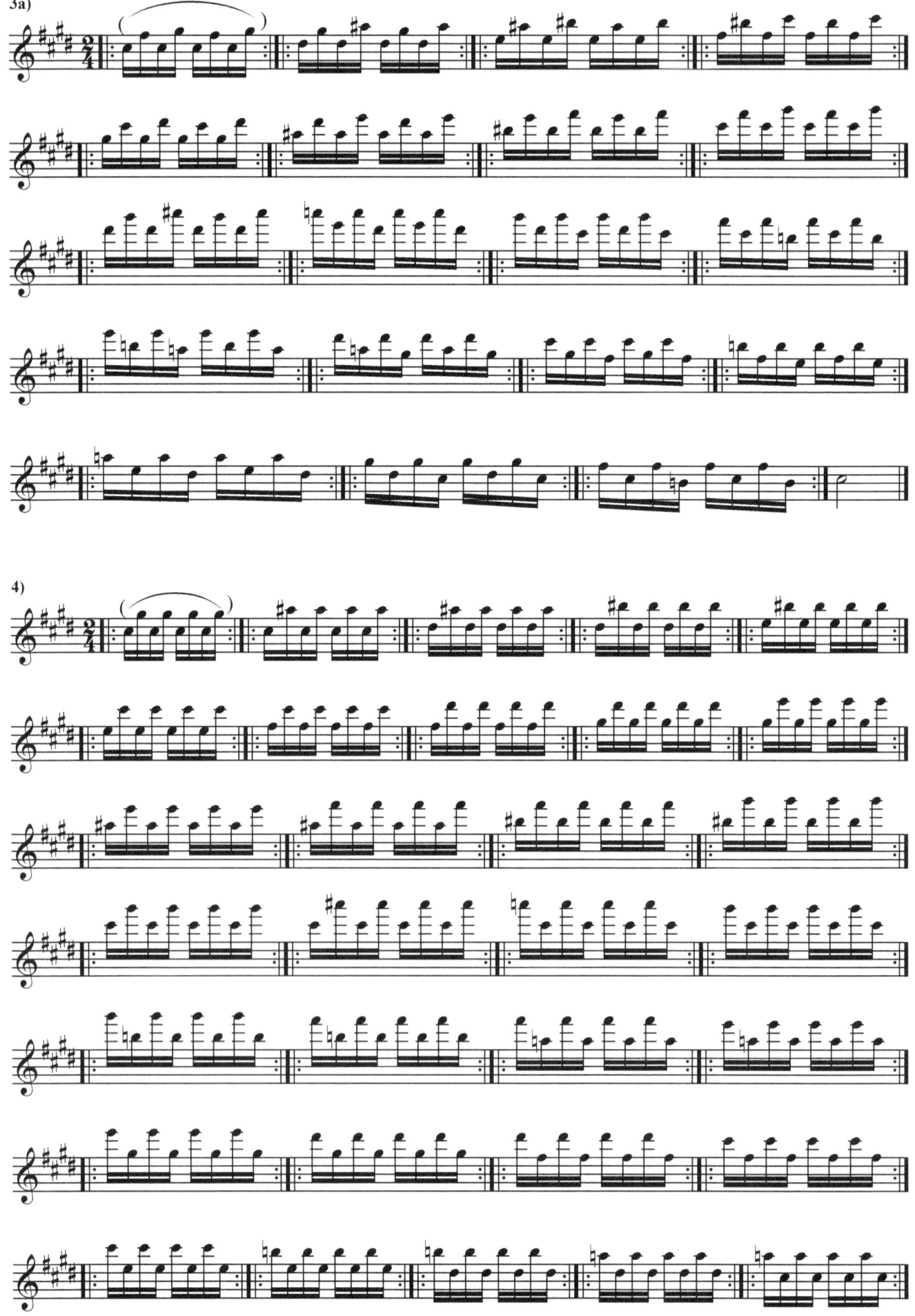

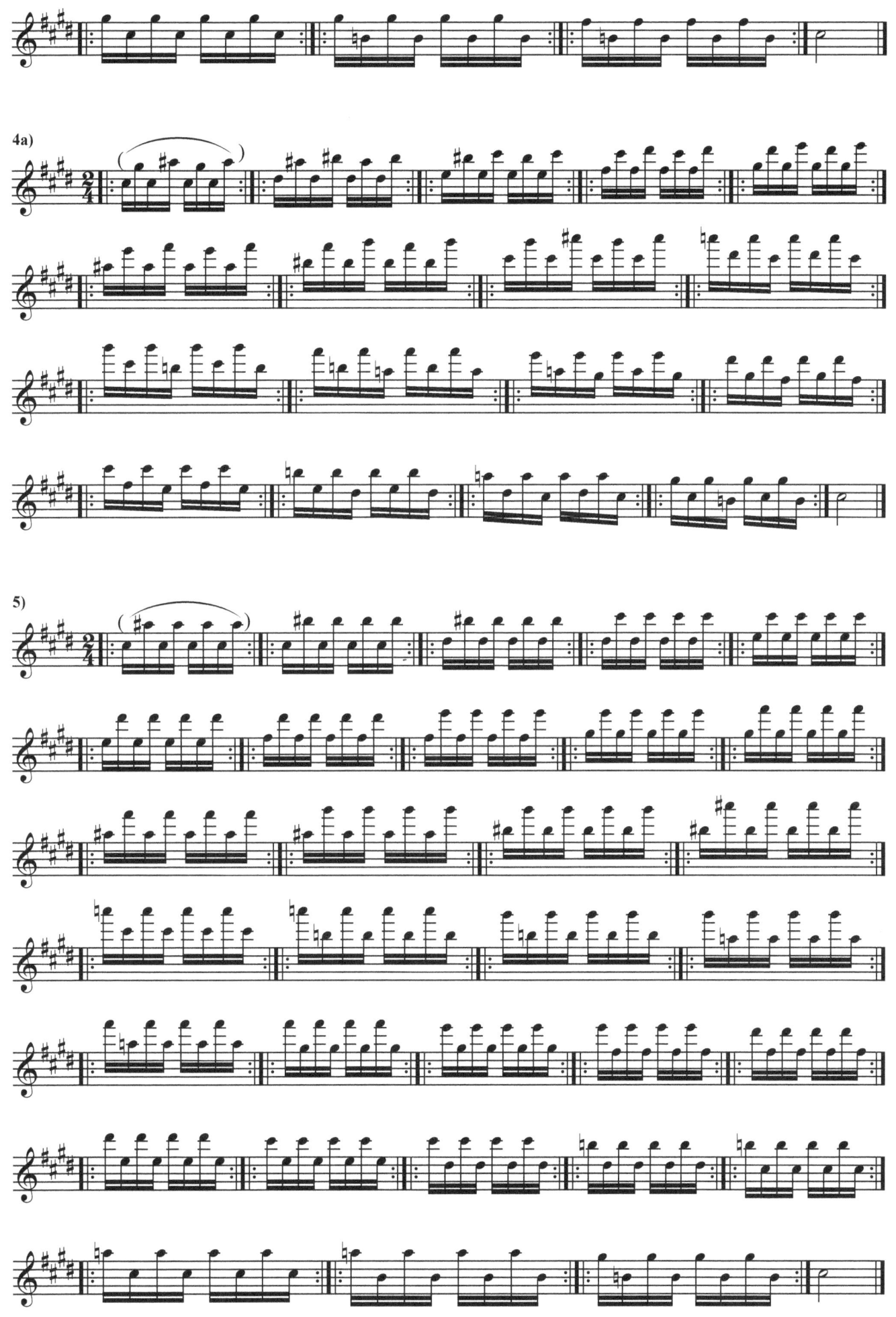

78

Do # minore Bach

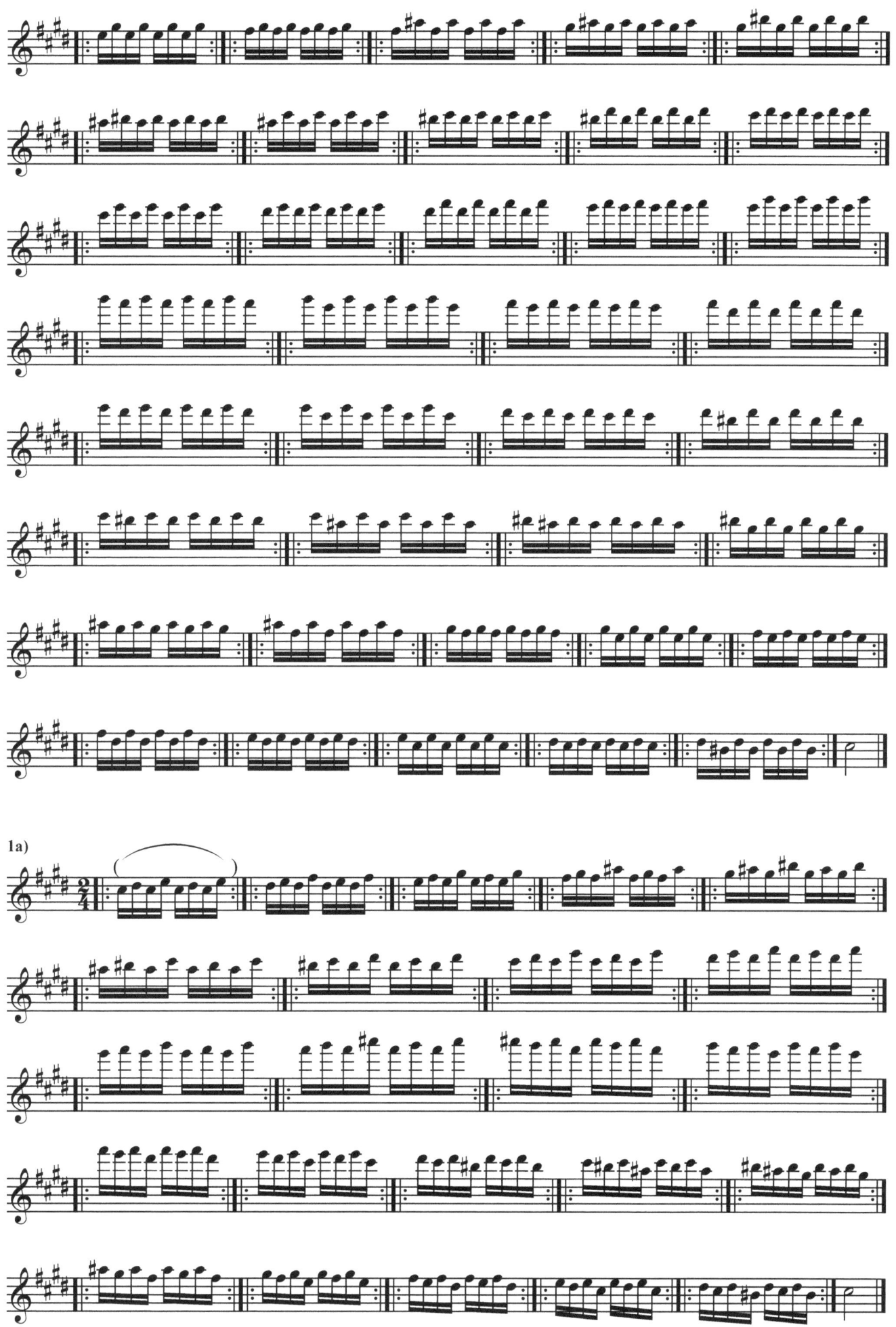

80

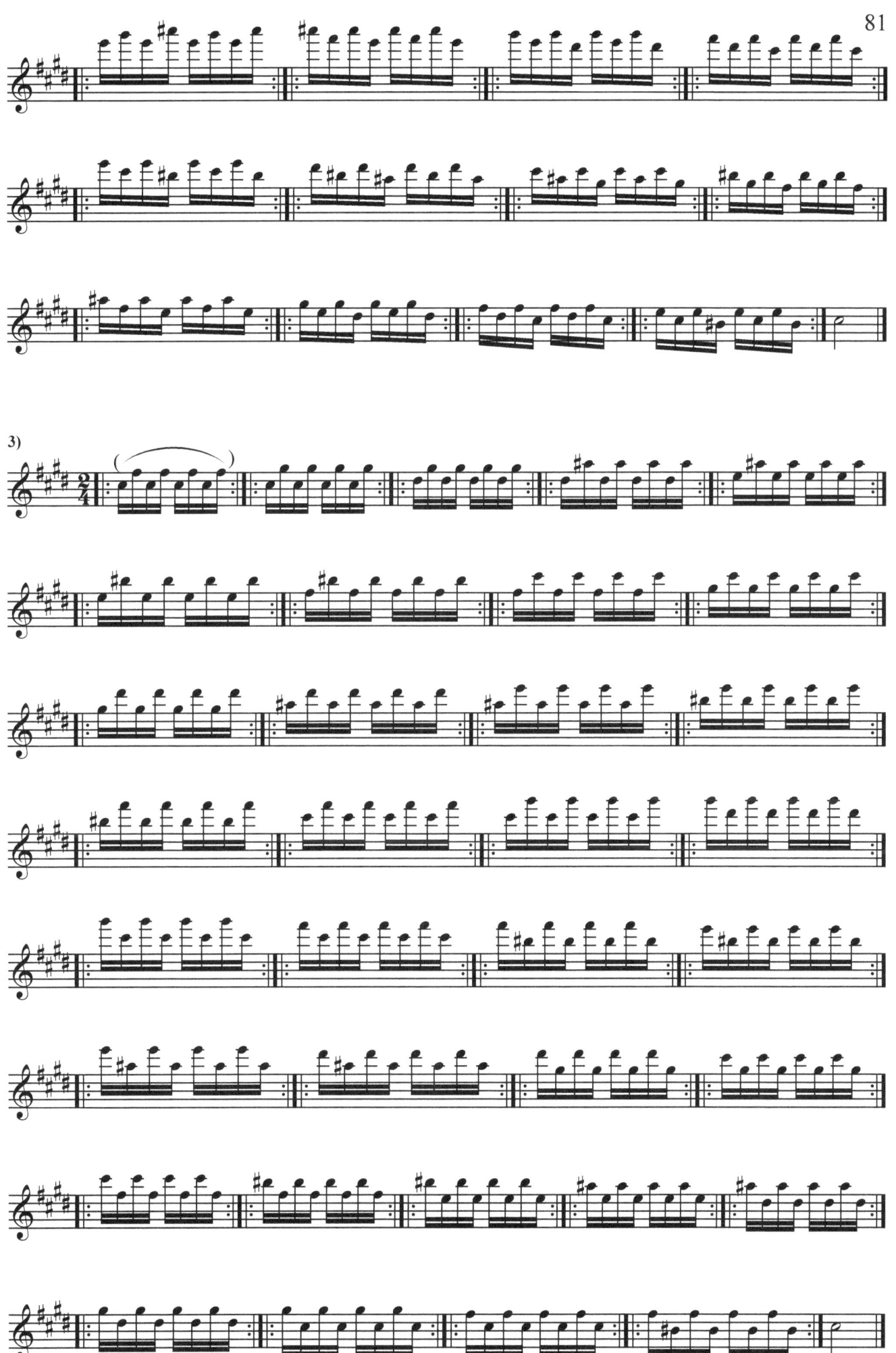

81

84

Titolo | Dedicato al Flauto Dolce - Gli scambi tra le dita
per Contralto - Vol. 3
Autore | Celestino Dionisi

ISBN | 978-88-91148-82-7

© Tutti i diritti riservati all'Autore
Nessuna parte di questo libro può
essere riprodotta senza il
preventivo assenso dell'Autore.

Youcanprint Self-Publishing
Via Roma, 73 - 73039 Tricase (LE) - Italy
www.youcanprint.it
info@youcanprint.it
Facebook: facebook.com/youcanprint.it
Twitter: twitter.com/youcanprintit

Finito di stampare nel mese di Dicembre 2015
per conto di Youcanprint *Self - Publishing*